UM OLHAR POÉTICO SOBRE A VIDA

Catalogação na Fonte
Elaborado por: Josefina A. S. Guedes
Bibliotecária CRB 9/870

Rodrigues, Elizabete
R696o Um olhar poético sobre a vida / Elizabete Rodrigues.
2019 1. ed.– Curitiba: Appris, 2019.
65 p. ; 21 cm – (Artêra)

ISBN 978-85-473-3826-8

1. Poesia brasileira. I. Título. II. Série.

CDD – 869.1

Appris editora

Editora e Livraria Appris Ltda.
Av. Manoel Ribas, 2265 – Mercês
Curitiba/PR – CEP: 80810-002
Tel. (41) 3156 - 4731
www.editoraappris.com.br

Printed in Brazil
Impresso no Brasil

Elizabeth Rodrigues

UM OLHAR POÉTICO SOBRE A VIDA

Ao Deus onisciente, onipresente e onipotente.

Aos meus queridos pais, Pedro Rodrigues e

Luzenir Rodrigues (in memoriam),

pelo amor e pela vida.

A todos os presentes e futuros apreciadores de leituras poéticas.

AGRADECIMENTOS

Não poderia começar o agradecimento senão pela única pessoa capaz de me sustentar em seus braços fortes, meu querido Deus. Ele foi minha inspiração em momentos difíceis, reflexivos e superados. A Ele devo toda honra e glória, pelas promessas realizadas na minha vida.

Especialmente, também, aos meus pais (*in memoriam*), que me ensinaram o caminho para a transformação, por meio da educação e valorização da leitura para enriquecimento intelectual.

À minha família Rodrigues, notadamente meus irmãos (Penha, Zeca, Nilma, Franscisco, Sandra e Renaldo), pelo companheirismo e pela lealdade.

À minha querida filha, Thaila Bárbara de Sena Dias, por acreditar no meu potencial e pela hombridade na realização deste sonho. Por sua amizade, seu empenho, sua dedicação e credibilidade.

À Secretária Tanira do Socorro Costa Barbosa, por ser uma coluna forte no âmbito educacional, apoiando e incentivando a pesquisa na escola, para a melhoria do ensino laranjalense.

À Prefeitura de Laranjal do Jari, por intermédio dos seus gestores: Márcio Clay Costa Serrão (prefeito) e João Tadeu da Silva (vice-prefeito), pela valorização, pelo incentivo aos meus trabalhos e pelo apoio moral.

Às minhas amigas Elen Silva de Andrade e Marcia Malheiros Ehmann, por estarem neste projeto junto a mim, por acreditarem que o caminho da escrita e da leitura poética são indicadores fortes para a transformação humana.

À minha orientadora, a professora doutora Lourdes Calderini de Garay, por sua orientação nos meus trabalhos científicos e agora nesta produção textual poética. E também pela honra de compor o prefácio deste livro.

Agradeço a todos que acreditaram que meus sonhos seriam realizados e que eu poderia ser um canal de bênçãos para ajudar outras vidas por meio da poesia.

E, finalizando, agradeço aos caros leitores deste livro e futuros poetas e poetisas. Que vocês possam apreciar cada composição poética e perceber a inspiração do ser sensível da autora refletida na escrita.

PREFÁCIO

Es un honor presentar esta obra poética, cuya autora no solo es una alumna dedicada sino un ser humano extraordinario.

Aprecio este libro de poesías porque en ella podemos conocer el corazón, los sueños y la vivencia de Elizabete en su contexto.

La sencillez de la escritura permite al lector sin conocimientos específicos del tema, comprender sin mayor dificultad, el mensaje de cada poesía.

Esta es una obra que pueden disfrutar grandes y chicos, incluso una buena excusa para crear un vínculo con la lectura. Confío que este libro pasará a ser un clásico en las biblioteca de muchas familias y un buen material de estudio en colegios secundarios, posee riqueza de información brindada en cada una de las poesías artísticamente expresada por la escritora.

Agradezco el espacio para compartir con los lectores los sentimientos que generó en mi esta obra y felicitar a la escritora por el excelente trabajo. La significación de esta obra se debe a su riqueza literaria, que lo hace una lectura obligatoria para los amantes del arte.

Prof.ª Dr.ª Lourdes Calderini de Garay

Doctora en Educación, magister en Educación, licenciada en Educación Bilingüe (Castellano-Guarani), profesora de Lengua Guarani, diplomada en Evaluacion en basada en competencia, decana de la Facultad de Educacion Inicial San Andres, directora de colegio Life Educational Center, profesora de posgrado de diversas universidades del Paraguay e Brasil

PREFÁCIO (TRADUZIDO)

É uma honra apresentar esta obra poética, cuja autora não é apenas uma estudante dedicada, mas um ser humano extraordinário.

Eu aprecio este livro de poesia porque nele podemos conhecer o coração, os sonhos e a experiência de Elizabete em seu contexto.

A simplicidade da escrita permite ao leitor sem conhecimento específico do assunto compreender, sem dificuldade, a mensagem de cada poesia.

Este é um trabalho que pode ser desfrutado por adultos e crianças, incluindo uma boa desculpa para criar um link com a leitura. Espero que este livro se torne um clássico nas bibliotecas de muitas famílias e bom material de estudo nas escolas secundárias, tenha riqueza de informações fornecidas em cada um dos poemas expressos artisticamente pela escritora.

Aprecio o espaço para compartilhar com os leitores os sentimentos que este trabalho gerou em mim e parabenizar a escritora pelo excelente trabalho. O significado deste trabalho é devido à sua riqueza literária, o que torna uma leitura obrigatória para os amantes da arte.

Prof.ª Dr.ª Lourdes Calderini de Garay

Doutora em Educação, mestre em Educação, bacharel em Educação Bilíngue (Castellano-Guarani), professora de Língua Guarani, diploma em Avaliação com base em Competência, reitora da Faculdade de Educação Inicial San Andres, diretora do Centro Educacional da Vida, professora de pós-graduação de várias universidades no Paraguai e no Brasil

APRESENTAÇÃO

Um olhar poético sobre a vida é a forma expressiva de falar da vida, de falar do amor, encontrar palavras certas para descrever as emoções derivadas do mais sublime sentimento.

É um projeto pensado para os admiradores de poesias, mas também para incentivar novos leitores, enfatizando e disseminando a importância da leitura.

Ao escrever, pensei em contribuir com as pessoas de modo geral quanto à busca pela leitura e pela aquisição de conhecimentos, reflexão e mudanças de atitudes.

Por outro lado, falando especificamente no contexto educacional, este trabalho foi elaborado para servir de ferramenta metodológica para professores em salas de aula com alunos do ensino fundamental, médio e superior. Contudo, a poesia tem sido cada vez mais esquecida nas práticas de sala de aula. Resgatar essa práxis também é um objetivo secundário desta obra.

Um olhar poético sobre a vida tem intuito de despertar o interesse de professores e alunos por poesias. O objetivo de se trabalhar a poesia em sala é o de estimular a oralidade, a criatividade e a reflexão a respeito de fatos da vida de cada aluno. Além de incentivar a leitura, possibilita a produção textual, por meio da escrita de poemas, para que seus anseios interiores sejam retratados enquanto escreve.

Assim como um dia fui despertada pela leitura e escrita, a poesia se transformou em minha vida uma paixão. Espero que os leitores apreciem o livro e que novos poetas e poetisas sejam revelados para trilharem pelo seu caminho poético.

SUMÁRIO

TUM TUM, BATE O CORAÇÃO!

O coração acelera e às vezes desacelera
O coração aguça de amor e às vezes de desamor
O coração aponta esperança e às vezes a desesperança
Se fala de amor, se fala de rancor,
Entre risos e até mesmo entre pavor.
Ele é o guardião das emoções.

Tum tum, bate o coração

Entre versos e rimas,
Entre cantos e encantos,
Entre choro e lágrimas, também ousa-se falar de harmonia.
Mas também, assim como divisor de águas,
O coração norteia-se para o sul, onde se encontra com a destreza.
Dele precede o caminho do bem, e no contraditório, o mal.

Tum tum, bate o coração

O mensurável coração se enche também de união,
E o seu antônimo dá vazão à desunião.
Às vezes pulsa de sentimentos favoráveis e rítmicos,
Escuta o som de suas batidas na janela da vida.

Tum tum, bate o coração

Prestes a cair no engano, ele evoca a paixão,
Dando asas à imaginação.
Logo vem o socorro e o tira do sufoco,
Libertando-se do desamor e revestindo-se com amor.

Tum tum, bate o coração

Amor esse, que contesta com o rancor,
O expulsando com muito fervor.
Esse é o coração quando decide colidir com a razão,
Vivendo a vida, com a mais forte harmonia.

Tum tum, bate o coração

SIMPLESMENTE EDUCADORA

Quando era pequeninha,
Do tamanho de um grão,
Ainda dentro da barriga,
Recebi uma missão,
Missão essa que foi dada
Voltada para educação.

Sonho de educar,
Educar pela transformação.
Aos 9 anos de idade,
Em meio aos cálculos matemáticos,
Busquei explicar para minha turma
Como se faz uma divisão.

Divisões matemáticas
Que fizeram de mim,
Uma eterna apaixonada.
Ainda na infância,
Já sabia que minha formação
Seria em prol da educação.

Não custou sonhar,
Não custou acreditar,
Não custou concretizar,
Minuciosamente, tudo gerado com amor,
Transformei-me em professora de matemática,
Com muito orgulho e prazer.

Assistir no palco da vida
Inúmeros discentes,
Resplandecendo em suas existências.
Hoje se pudesse voltar no tempo,
Sonharia novamente em ser educadora,
Com maior competência.

NO CÁRCERE

Nas mazelas da vida,
Lá estão as mais belas meninas.
Nos seus caminhos,
Rastros de destruição,
Que as levam à escuridão

Histórias por elas contadas,
Mas parece uma versão inventada.
São marcas deixadas,
São consequências arraigadas.

No cárcere parecem assustadas,
Mas não se enganem
Com as faces enfeitadas.
Ora vem os sorrisos nos rostos,
Que parecem ser revestidos de ouro.
Mas logo vem o desamor,
Lembrando que o pavor
Ainda não terminou.

Os traumas, enquanto crianças,
Fizeram evocação à inlucidez.
Estigmas da destruição,
Que despedaçam as suas almas,
E terminam na escuridão.

No cárcere aprendem,
O significado da palavra liberdade.
No cárcere o passado vem às mentes
E as lágrimas nos rostos descontentes.
No cárcere, as belas meninas,
São vítimas de si mesmas,
Dos traumas, das marcas e desesperanças.

Mas é no cárcere
Que a opressão as leva à reflexão.
De um lado a opressão,
Do outro a reflexão.
Cárcere, lugar de sofrimento,
Como também de determinação.

O CAMINHO DA VIDA

Entre pedras no caminho,
Movimenta-se a vida,
Passando por elas,
Passando por cima.

Ao longo dessa estrada,
Revesti-me de coragem
Revesti-me de ousadia.

São muitos os obstáculos,
Mas também são muitas as conquistas,
Cada passo dado
É o alcance que se aproxima.

O RIACHO

O riacho é um regato,
É um fluxo de água corrente,
Que se compara com a gente.

O movimentar de suas águas
É como caminhar de muita gente.
A água contorna as pedras,
E as pedras no caminho
São colhidas pela gente.

O riacho é pequeno na formação,
E grande na contribuição.

A vida da gente,
Parece uma torrente.
As pedras colhidas,
São para salvar a gente.
Cada pedra colhida,
É um baluarte para a gente.

SOLITUDE

Encarar a solitude da alma
É apostar que o descontente
Se liberta com risos reluzentes.

Abandona o pavor,
Se libertando com amor.

Quando o sorriso lhe falta,
Quando o canto dá lugar ao desespero,
E o grito soando como socorro,
Diante das desavenças.

No cenário da solitude,
Não se prende à emoção,
Fortalece a existência,
Buscando com prudência,
Diante das evidências,
A superação.

O TEMPO

Tempo, grandeza progressiva,
Que pode ser calculada,
Contudo é imprevisível.

O tempo passa por fases,
Fases da vida,
Ao nascer, inicia-se a contagem,
Depois vem o crescimento e amadurecimento.

Ao crescer, ao amadurecer, ao frutificar,
O tempo lá está.
Até o morrer, o tempo termina.

O tempo, a contento,
Lida com o passado,
Lida com o presente,
Prosseguindo à frente.

O tempo é contundente,
Marca a vida,
Na sua aparência,
Na sua existência.

No pulsar do coração,
Até nas fortes emoções e desilusões.
Lá está o tempo,
O velho amigo da gente.

A ÁRVORE E A VIDA

Assim como a árvore,
Formada de raízes,
Caules, folhas, flores e frutos,
É também a vida do valente.

A árvore quando plantada
Junto ao ribeiro de águas
Tem sua existência enfatizada, fortificada,
Pelas raízes alimentadas,
No solo fértil e ponderado.

Tem sua estação certa,
Para frutos e colheitas,
Vem o sol, a sequidão,
Vem a chuva, até mesmo o trovão.

A bravura dos ventos,
Mas nada disso a retém.
Nada disso a fadiga,
Tanto a árvore como a vida.

Assim é a vida do valente,
Que propõe o crescimento das suas raízes,
Em lugar forte e resistente.

SONHO

Diz a ciência
Que sonhar é viver,
Então sonho para viver.

O sonho fortalece a vida,
E a vida impulsiona o sonho,
Sonhando constantemente.

O sonho se sonha,
O sonho se conquista.

Sonho acordada,
Sonho dormindo,
Sonho diversas vezes,
Até mesmo sorrindo.

Entre risos e choros,
Desfazendo o desgosto,
Sonhando a todo momento,
Multiplicando as existências,
E aumentando o tesouro.

O tesouro é a vida,
Uma vida vivaz,
Resultado de encantamentos,
De um elo perfeito,
Entre o devaneio e a consumação.

O BELO

De um lado, o externo
E do outro, o interno.
De que lado se encontra o belo?

A palavra belo vem do bellus,
Que expressa encantamento,
Perfeição e nobreza.

Algo sublime,
Que combina com bem-querer.
Forma singular de se ver a beleza.

É uma concordância observada,
Observada pelos olhos,
Observada pelos ouvidos,
E também pela inteligência da alma.

O belo quando internalizado
Traduz o bem-querer,
A alma contente, bela e sorridente,
Formando um estreito laço
Entre a beleza e a benevolência.

O AMOR

Busquei-te no meu sonho,
Encontrei-te no mais sublime amor.

Amor sonhado,
Amor desejado,
Amor construído,
Amor vivido.

Amo-te, antes mesmo do encontro,
Que mais parecia com desencontro.
Amo-te, pelo primeiro olhar fitado,
Onde os olhos elucidam,
O que o coração almejava.

Amor inesgotável,
Amor imensurável,
Amor renovável
E também embevecido.

Teu sorriso,
Acarinhou meu ser.
Tua alegria,
Alimentou minha vida.
Me perdi no teu largo sorriso,
E quando me encontrei,
Já estava seduzida.
Tomada pela conquista,
Conquista do amor,
Amor pra sempre,
Amor permanente.

FLORES DO CAMPO

No campo verdejante,
Cultivando o encanto,
Das flores do campo.

Com cores vibrantes,
Com pétalas frágeis,
Com formatos que parecem desenhos,
Rabiscados por mãos potentes.

Adornam a vida,
Perfumam a existência,
Transmitindo sentimentos,
Bem-estar e envolvimento.
Encontradas em vastos campos,
Coloridas pelos seus fortes tons,
Tons de beleza e realeza.
Assim, faz a natureza.

Violetas e margaridas,
São as mais conhecidas,
Todas decorando
E presenteando a vida.

AS LÁGRIMAS

As lágrimas são estimuladas,
Por diversos fatores:
Motivos da mente,
Motivos da alma,
Motivos de reflexão.

As lágrimas, como todas as coisas,
Apresentam o início e o fim.

Há diversos tipos de lágrimas.
Aquelas de causa emocional,
Derivadas do contente,
E também do descontente.

Rolam no rosto,
Quando o choro do desconsolo
É resposta do desgosto.

Rolam no rosto,
Quando a felicidade
Afeta o coração,
Com a maior proporção.

Mas há lágrimas basais,
Salutares para a vista.

Lágrimas reflexivas
São aquelas
Que nos faz viajar
Pelo território da vida.

Para cada razão que choramos,
Há uma proporção de lágrimas,
Há uma singularidade do pranto.

APRENDI

Aprendi com a dor a valorizar o amor.
Aprendi com as lágrimas a valorizar a alma.

Aprendi a sorrir mediante as causas,
Aprendi com as lutas o valor da calma.

Aprendi com o silêncio a escutar a mim mesma,
Escutar a voz do coração, em meio à escuridão da vida.

Aprendi a dizer ao fraco:
Eu sou forte, forte por natureza.
Aprendi com a fé a estabelecer a certeza,
E visualizar mentalmente a realização do devaneio.

Aprendi a colher as pedras, a fazer delas minha defesa.
Aprendi a proferir palavras, palavras que libertam,
Libertam a alma.
Aprendi com as adversidades
O valor da ultrapassagem.

Aprendi com a escuridão,
Que a luz melhora a vida,
Melhora a razão.

Aprendi caindo,
Aprendi vivendo,
Aprendi aprendendo,
Aprendi reaprendendo.

VIAJAR É PRECISO!

Pelo céu, pelo mar ou pela terra,
Sempre tem uma forma
De buscar peripécias.
Viajar é preciso!

A viagem expande o horizonte,
Possibilitando novas conquistas,
Ampliando laços afetivos
E aumentando a memória.
Viajar é preciso!

Saindo da zona de conforto,
A viagem promove aprendizagem,
E experiências construídas.
Viajar é preciso!

Não importa se a viagem for a negócios,
Estudos ou passeios.
Viajar é preciso!

Viajar é ampliar a visão que temos do mundo,
E de nós mesmos.
Aumenta o valor pela vida,
Por pessoas e suas diferenças.
Promove crescimento, diversão e planejamento.

Viajar é preciso, para ampliar a vida!

DIANTE DOS OLHOS

Diante nos olhos se faz o observatório,
Não se enxerga apenas
O que está na presença.

Diante dos olhos, a vida passa,
Imagens são projetadas,
Nada inerte, nada fixo.

Diante dos olhos, a memória captura tudo,
Acionando o coração, para tal reação.

Diante dos olhos, a vida se faz
E logo se desfaz.

Diante dos olhos, a fé se renova,
Os montes se transportam.

Diante dos olhos, se planeja,
Se conquista.

Diante dos olhos, se passa o filme fotográfico,
Da estrutura da vida.

MEMÓRIAS

A busca do melhor entendimento
Vem à mente.
A única forma de recordação
É a memorização.

A memória codifica,
Armazena e amplifica.

Não é só uma retenção,
Mas uma ativadora da imaginação.

Capacita o ser humano
A viajar no passado,
Relembrando suas vivências.

Absorve informações,
Aguçando o cognitivo
E também o coração.

Diversas são as memórias,
Que influenciam inúmeros processos mentais,
Proporcionando ao ser humano
Uma vida frequente,
Uma vida normal.

A CHUVA

A chuva, fenômeno climático,
Precipitação de água,
Derramada em forma de gotas,
Gotas pequenas, que se encontram com outras gotas,
Formando uma torrente.

A chuva é fonte de água,
E água é vida.
Líquido precioso,
Que renova a natureza.
Ajudando no nascer de brotos,
Ajudando a juntar riqueza.

Por outro lado, a chuva torrente
Revigora a existência,
A existência de muita gente.

AS PALAVRAS

Palavras são faladas ou mal faladas,
Palavras são escritas ou mal escritas
Ou simplesmente borradas.

Palavras são pronunciadas e também espalhadas,
Não se tornam vazias, contudo acham guaridas,
Abrigadas na vida.

Palavras escritas são lidas, memorizadas
Ou até mesmo esquecidas.

Palavras têm o poder de decisão,
Levam ao abismo,
Mas também à proteção.

Palavras são resultados de emoções,
Memorizações e desilusões.
São também frutos de inspirações e aspirações.

Palavras bendizem,
Palavras renovam,
Palavras maldizem,
Palavras detonam.

De certo que as palavras positivas
Devem trazer alentos,
Libertar a alma,
Libertar a vida.

ACALMA-TE

O sol se põe, se despedindo do dia,
A noite chega e traz a resposta,
Para o refrigério da vida.

Acalma-te, vida,
Pois, a noite vem,
Te trazendo calmaria.

Acalma-te, vida,
A lua brilha sinalizando
Que a tua vitória
Já está garantida.

E ao findar dessa luz bela,
Brilhará a estrela,
O sol da manhã,
Que vem confirmando
Que o choro se transforma em euforia.

NÓS DOIS

Eu sou o sol e você a lua,
Eu sou o céu que você busca,
Eu sou as estrelas que embelezam a tua beleza.

Sou eu o mar, que deságua nas tuas emoções,
Emoções do oceano,
O oceano que é o teu ser.
Com sua imensidão,
Enche a minha vida,
Com alegria, com amor,
Com sentimentos, que enriquecem a alma.

Do seu alento,
Tenho meu sustento,
Do seu cuidado,
Tenho asilo e fortaleza,
Do seu carinho,
Tenho amor recompensado.

Nós dois
Somos uma unidade,
Uma extensão do amor e da lealdade.

A PAIXÃO

A paixão, uma forte motivação,
Que nos impulsiona à satisfação.
Na satisfação do querer,
Em que a emoção vai se ocultando,
No correr das insistências.

É forte, insistente,
Derruba muralhas
E atropela a gente.

É fogo ardente,
Que invade a alma,
Iludindo a gente.
Domina pensamentos,
Sentimentos turbulentos,
Que cometem dor,
Ferindo a gente.

Atração resolvida,
Que explode em paixão,
Tornando a alma vivente,
Em um furacão.

Engana-se quem pensa
Que a paixão é garantia,
Garantia para todo sempre.

Não se sabe quando começa,
Mas se sabe o seu final.

PERMITA-SE VIVER O NOVO

Viver o novo nem sempre nos traz conforto.
Viver o novo é um desafio que às vezes
Acaba em arrepios.

Viver o novo é sair de uma redoma, de bolhas protetoras,
Deixando de lado uma decepção amorosa
Ou, quem sabe, uma amizade que parecia
Mas com uma inimizade.

Viver o novo nos traz liberdade,
Saindo da rotina e enfrentando a verdade.

Viver o novo, nos traz refrigério,
Aumentando perspectivas e
Alcançando metas.

Permita-se viver o novo,
O inédito da vida,
Desbravando o mundo
E obtendo realezas.

Permita-se viver o novo,
Sendo um aventureiro,
Reconstruindo e construindo,
Com determinação e destreza.

Permita-se viver o novo,
Olhando pra si mesmo.

AO INVÉS

Ao invés de desencantar, encante.
Ao invés de desistir, insista.
Ao invés do desamar, ame.

Ao invés de reclamar, clame.
Ao invés de chorar, sorria.
Ao invés de murmurar, cante.

Ao invés de desprezar, preze.
Ao invés de dessentir, sinta.
Ao invés de desonrar, honre.

Ao invés de desvalorizar, valorize.
Ao invés de magoar, perdoe.

Prefira ao invés, sempre ao invés.
Sempre haverá o lado oposto,
Como opção, como socorro.

MARCAS

As marcas podem ser deixadas
Por palavras, por sorrisos ou desafetos.
Indícios na vida,
Indícios na alma.

Consequências, às vezes, mal resolvidas.
A todo momento, as marcas registradas,
Algumas pequenas ou até mesmo exageradas.
Feridas são abertas,
Cutucadas e saradas.

São tantas formas registradas,
Com diversos sabores.
Sabores de alegria e de melancolia,
Sabores de esperança e também de desespero,
Sabores de medo, que aos poucos
Enchem, com brio, o peito.

As marcas ao longo da vida
São consequências de nossas ações,
Timbradas no coração.